COMMENT SURMONTER FACILEMENT L'ANXIÉTÉ

Un guide pratique pour surmonter l'anxiété, gérer le stress et s'épanouir dans la vie quotidienne

Brandon D. Jones

PAGE COPYRIGHT

Table des matières

Introduction

L'anxiété n'est pas qu'un mot pour moi, c'est un compagnon constant à différents moments de ma vie. Je sais ce que l'on ressent lorsqu'on est pris dans une boucle sans fin de "et si" et de scénarios catastrophes, incapable d'arrêter les pensées qui s'emballent et qui prennent beaucoup trop de place dans l'esprit. J'ai connu ces nuits blanches, les battements de cœur rapides qui surgissent de nulle part et le poids du sentiment d'être constamment en train de se préparer à l'impact. Si vous lisez ceci, je suppose que vous connaissez aussi ce sentiment.

Mais voici ce que je veux que vous sachiez dès le départ : l'anxiété n'a pas à vous définir. Ce n'est pas ce que vous êtes, et ce n'est pas votre avenir. En fait, apprendre à gérer l'anxiété peut ouvrir la voie à une vie qui n'est pas seulement gérable, mais significative, épanouissante et même joyeuse. Je ne dis pas que c'est facile, loin de là. Mais je dis que c'est possible.

Ce livre est un recueil d'idées, d'outils et de stratégies que j'ai rassemblés au fil d'années de recherche, d'expérience personnelle et d'aide apportée à d'autres personnes pour naviguer dans les eaux tumultueuses de l'anxiété. Il ne s'agit pas d'éliminer complètement l'anxiété, car soyons honnêtes, ce n'est pas réaliste. L'anxiété fait partie de la vie. Ce qui compte, c'est d'apprendre à y répondre de manière à vous donner de l'autonomie plutôt que de vous freiner.

Vous trouverez des techniques pratiques pour gérer le stress, recadrer les pensées négatives et adopter des habitudes qui favorisent votre santé mentale et émotionnelle. Vous trouverez également des encouragements et des mesures concrètes pour aller de l'avant, quel que soit votre point de départ. Je veux que ce guide ressemble moins à un manuel qu'à une conversation - un guide écrit par quelqu'un qui comprend ce que vous vivez et qui est là pour vous accompagner à chaque étape du chemin.

J'espère que vous vous sentirez soutenu, considéré et capable d'évoluer. Ensemble, nous explorerons ce qui se passe réellement lorsque l'anxiété frappe, comment l'aborder de front et comment construire une vie plus calme, plus légère et pleine de possibilités.

Car voici la vérité : l'anxiété peut être bruyante, mais elle n'a pas à contrôler la narration. Reprenons la plume et réécrivons l'histoire, votre histoire.

Êtes-vous prêts ? C'est parti.

Chapitre 1

Comprendre l'anxiété et son impact

Qu'est-ce que l'anxiété et en quoi diffère-t-elle du stress normal ?

L'anxiété est un mot que nous entendons souvent, mais que signifie-t-il vraiment ? Au fond, l'anxiété est une réaction naturelle à l'incertitude ou au danger perçu. C'est la façon dont le corps et l'esprit se préparent à relever les défis. Il s'agit d'un système d'alarme interne conçu pour assurer votre sécurité. Lorsqu'elle est activée dans des situations appropriées, par exemple pour éviter une voiture en excès de vitesse ou pour se préparer à une présentation importante, l'anxiété peut en fait s'avérer utile. Elle permet de mieux se concentrer, d'être plus conscient et d'avoir l'énergie nécessaire pour agir. Cela fait partie de la **réaction de lutte ou de fuite du** corps, un mécanisme conçu pour la survie.

Le stress, quant à lui, est une réaction à une pression ou à une demande extérieure. Si le stress peut conduire à l'anxiété, les deux ne sont pas identiques. Le stress a généralement une cause claire, comme une échéance au travail ou une contrainte financière, et s'estompe généralement une fois le problème résolu. L'anxiété, en revanche, peut persister même en l'absence de menace claire. Elle persiste, se nourrit de scénarios imaginaires et de "et si", et semble souvent disproportionnée par rapport à la situation réelle.

La différence essentielle est la suivante : **le stress est situationnel, tandis que l'anxiété est plus envahissante et souvent enracinée dans des peurs irrationnelles ou des émotions non résolues**. Il est essentiel de comprendre cette distinction, car elle vous aide à identifier ce à quoi vous êtes confronté et à y remédier.

Les effets physiques, mentaux et émotionnels de l'anxiété

L'anxiété n'est pas seulement un état mental, c'est une expérience qui touche tout le corps. Lorsque l'anxiété s'installe, elle se manifeste de manière physique, mentale et émotionnelle, créant souvent une boucle de rétroaction à laquelle il peut sembler impossible d'échapper.

Effets physiques

- Augmentation du rythme cardiaque (palpitations)

- Respiration rapide ou superficielle (hyperventilation)

- Sueurs ou frissons

- Tension musculaire, en particulier au niveau du cou et des épaules

- Maux de tête ou migraines

- Problèmes digestifs tels que nausées, diarrhée ou douleurs d'estomac

- Fatigue due à des états prolongés d'hyperexcitation

Ces symptômes physiques sont le résultat de la **réaction de lutte ou de fuite de** l'organisme. Lorsque le cerveau perçoit une menace, il libère de l'adrénaline et du cortisol, des hormones qui préparent le corps à l'action. Bien qu'utile sur de courtes périodes, l'activation prolongée de ce système peut entraîner des problèmes de santé chroniques, notamment l'hypertension artérielle, l'affaiblissement de l'immunité et des troubles du sommeil.

Effets mentaux

- Réflexions sur la course

- Difficulté à se concentrer ou à prendre des décisions

- Inquiétude constante quant à l'avenir

- Analyse excessive d'événements ou de conversations passés

- Sentiments persistants de crainte ou de malaise

L'anxiété peut perturber vos schémas de pensée et vous empêcher de penser clairement ou rationnellement. L'esprit se fixe sur les pires scénarios, ce qui alimente l'anxiété et renforce les cycles négatifs.

Effets émotionnels

- Sentiments de peur ou de panique

- Irritabilité ou agitation

- Sentiment d'accablement ou d'impuissance

- Faible estime de soi et doute de soi

- Un besoin constant d'être rassuré par les autres

Sur le plan émotionnel, l'anxiété draine votre énergie, ce qui rend plus difficile le maintien de relations positives ou l'appréciation des plaisirs de la vie. Elle peut créer un sentiment d'isolement, car les personnes qui luttent contre l'anxiété se sentent souvent incomprises ou seules dans leurs expériences.

La prévalence de l'anxiété dans la vie moderne

L'anxiété n'est plus seulement une lutte personnelle, c'est un phénomène de société. Dans le monde rapide et hyperconnecté d'aujourd'hui, l'anxiété est devenue l'un des problèmes de santé mentale les plus courants. Selon **l'Organisation mondiale de la santé (OMS)**, plus de 260 millions de personnes dans le monde souffrent de troubles anxieux. Mais même les personnes qui ne font pas l'objet d'un diagnostic clinique souffrent souvent d'anxiété à un degré ou à un autre.

Qu'est-ce qui explique cette augmentation de l'anxiété ? Plusieurs facteurs propres à la vie moderne y contribuent :

1. **Technologie et médias sociaux**

   - L'afflux constant d'informations, souvent négatives, maintient le cerveau dans un état de vigilance accrue.

   o Les médias sociaux favorisent les comparaisons et les sentiments d'inadéquation, amplifiant le doute de soi et l'anxiété sociale.

2. **Pressions économiques**

   o L'insécurité de l'emploi, l'endettement des étudiants et l'augmentation du coût de la vie créent une base de stress qui peut évoluer vers une anxiété chronique.

3. **Attentes irréalistes**

   o Les pressions sociétales pour "tout avoir" conduisent de nombreuses personnes à penser qu'elles ne sont pas à la hauteur, même lorsqu'elles font de leur mieux.

4. **Incertitude mondiale**

    - Des événements tels que les pandémies, le changement climatique et l'instabilité politique donnent au monde un sentiment d'imprévisibilité et déclenchent une anxiété collective.

5. **Le déclin du repos**

    - Les emplois du temps chargés et la glorification de la productivité laissent peu de place au repos et aux soins personnels, composantes essentielles de la santé mentale.

Déclencheurs d'anxiété courants

Si les facteurs déclenchant l'anxiété sont propres à chacun, certains thèmes sont très répandus :

- **La peur de l'échec :** Le perfectionnisme et les attentes élevées peuvent donner l'impression que même les petites erreurs sont catastrophiques.

- **L'incertitude :** L'ambiguïté de l'avenir, comme l'attente des résultats d'un examen ou un changement de carrière, peut provoquer de l'anxiété.

- **Situations sociales :** La peur du jugement ou du rejet est souvent à l'origine de l'anxiété sociale, rendant les interactions intimidantes.

- **Traumatisme passé :** Les blessures émotionnelles non résolues peuvent refaire surface sous forme d'anxiété, même des années après l'événement initial.

- **Problèmes de santé :** Le fait de se concentrer excessivement sur des symptômes physiques ou des problèmes médicaux peut entraîner une anxiété liée à la santé.

L'identification de vos déclencheurs spécifiques est une première étape essentielle pour gérer efficacement l'anxiété.

La gestion de l'anxiété, une compétence qui s'apprend

Voici la bonne nouvelle : l'anxiété n'est pas une condamnation à perpétuité. Bien qu'elle puisse sembler accablante, il est possible d'en prendre le contrôle et de changer la façon dont vous réagissez aux pensées et aux sentiments anxieux. Gérer l'anxiété ne consiste pas à la supprimer ou à faire comme si elle n'existait pas ; il s'agit d'apprendre à la gérer d'une manière qui vous donne du pouvoir.

Considérez cela comme l'acquisition d'un ensemble de compétences. Tout comme vous apprendriez à jouer d'un instrument ou à maîtriser un sport, vous pouvez acquérir les outils nécessaires pour gérer l'anxiété. Ces outils sont les suivants

- **Conscience de soi :** Reconnaître l'anxiété lorsqu'elle se manifeste et identifier les éléments déclencheurs.

- **Stratégies d'adaptation :** Utiliser des techniques telles que la respiration profonde, les exercices d'ancrage et la pleine conscience pour calmer votre esprit et votre corps.

- **Recadrage cognitif :** Remise en question et remplacement des schémas de pensée négatifs par des schémas constructifs.

- **Des habitudes saines :** Soutenir sa santé mentale par des soins physiques, tels qu'une bonne alimentation, de l'exercice et du sommeil.

La clé, c'est la constance. La gestion de l'anxiété n'est pas une question de solutions rapides ou magiques ; il s'agit de cultiver des habitudes qui créent un changement durable. En parcourant ce livre, vous apprendrez des étapes pratiques et réalisables qui vous aideront à reprendre le contrôle et à vous diriger vers une vie plus calme et plus satisfaisante.

Dans les chapitres suivants, nous approfondirons la science qui sous-tend l'anxiété, nous explorerons des techniques spécifiques pour la gérer et nous vous fournirons une boîte à outils personnalisée pour vous épanouir. Mais pour l'instant, faisons une pause et réfléchissons : L'anxiété fait peut-être partie de votre histoire, mais elle n'est pas forcément la seule. Ce chapitre marque le début de votre voyage pour retrouver la paix, une étape à la fois.

Chapitre 2

La science de l'anxiété : Ce qui se passe dans votre cerveau et votre corps

Comprendre l'anxiété, ce n'est pas seulement identifier ce que l'on ressent, c'est aussi comprendre ce qui se passe dans notre cerveau et notre corps lorsque nous en souffrons. L'anxiété est un processus profondément physique et neurologique, enraciné dans des mécanismes conçus pour nous protéger. En apprenant la science derrière l'anxiété, vous pouvez démystifier l'emprise qu'elle exerce sur vous et commencer à la voir comme quelque chose qui peut être géré, remodelé et même exploité pour la croissance.

La réaction de lutte ou de fuite : Le système d'alarme de votre corps

À la base, l'anxiété est une activation de la **réaction de lutte ou de fuite de** l'organisme. Cet ancien mécanisme de survie a évolué pour nous protéger des menaces de l'environnement. Imaginez un homme primitif rencontrant un prédateur dans la nature : une réaction immédiate était essentielle à sa survie. Cette réaction permettait à nos ancêtres de combattre la menace ou de fuir pour se mettre à l'abri.

Voici comment cela fonctionne :

1. **Détection des menaces** : L'amygdale du cerveau, souvent appelée centre de la peur, détecte les dangers potentiels. L'amygdale ne fait pas la différence entre une menace physique (comme un animal sauvage) et une menace psychologique (comme parler en public) ; elle réagit comme si les deux étaient en danger de mort.

2. **Activation hormonale** : Lorsqu'elle détecte un danger, l'amygdale envoie

un signal de détresse à l'hypothalamus, qui active le système nerveux autonome. Le corps libère des hormones de stress telles que **l'adrénaline** et le **cortisol**, vous préparant ainsi à l'action.

3. **Changements physiques** : Ces hormones déclenchent plusieurs changements :

   - Augmentation du rythme cardiaque et de la pression sanguine pour pomper l'oxygène et les nutriments vers les muscles.

   - Respiration rapide pour absorber plus d'oxygène.

   - Dilatation des pupilles pour améliorer la vision.

   - Diminution de la digestion car le flux sanguin est détourné de l'estomac vers les organes essentiels.

Ces changements sont bénéfiques en cas d'urgence, mais dans le monde moderne, la réaction de lutte ou de fuite est souvent déclenchée par des situations qui ne mettent pas la vie en danger, comme un courriel stressant ou une échéance imminente. Ce décalage peut être à l'origine d'une anxiété persistante, le cerveau ayant du mal à distinguer les menaces réelles des menaces perçues.

L'anxiété chronique et ses effets sur le cerveau et le corps

Si l'anxiété occasionnelle est normale et même utile, l'anxiété chronique - lorsque la réaction de lutte ou de fuite est activée trop fréquemment ou pendant des périodes prolongées - peut avoir des répercussions importantes sur le cerveau et le corps.

Impact sur le cerveau

1. **Hyperactivité de l'amygdale** : L'anxiété chronique maintient l'amygdale en état d'alerte, la rendant plus sensible aux menaces perçues. Cela peut conduire à un cycle dans lequel même des facteurs de stress mineurs semblent écrasants.

2. **Altération du cortex préfrontal** : Le **cortex préfrontal**, responsable de la pensée rationnelle et de la prise de décision, est moins actif pendant les

épisodes d'anxiété. Avec le temps, il peut devenir plus difficile de réguler les émotions, ce qui conduit à l'impulsivité et à une mauvaise prise de décision.

3. **Rétrécissement de l'hippocampe** : L'hippocampe, qui aide à réguler l'amygdale et à stocker les souvenirs, peut rétrécir en cas de stress prolongé. Cela affecte votre capacité à distinguer un danger réel d'une situation inoffensive.

Impact sur l'organisme

1. **Système cardiovasculaire** : L'anxiété prolongée augmente le risque de maladie cardiaque en soumettant le cœur à une tension constante.

2. **Système immunitaire** : La libération chronique de cortisol supprime le système immunitaire, ce qui vous rend plus vulnérable aux maladies.

3. **Système digestif** : L'anxiété entraîne souvent des problèmes gastro-intestinaux tels que le syndrome du côlon irritable (SCI), des nausées et une perte d'appétit.

4. **Système musculo-squelettique** : Les tensions musculaires, en particulier au niveau du cou, des épaules et de la mâchoire, peuvent entraîner des douleurs chroniques et des maux de tête.

Les effets à long terme de l'anxiété chronique peuvent être décourageants, mais ils soulignent également l'importance de trouver des stratégies de gestion efficaces.

Le rôle des neurotransmetteurs : Sérotonine, Cortisol et autres

Les neurotransmetteurs sont les messagers chimiques du cerveau qui jouent un rôle clé dans l'anxiété. Comprendre leur fonctionnement peut vous aider à considérer l'anxiété comme un processus biochimique et non comme une défaillance personnelle.

1. **Sérotonine** : souvent appelée neurotransmetteur du bien-être, la sérotonine régule l'humeur, le sommeil et l'appétit. Un faible taux de sérotonine est associé à une augmentation de l'anxiété et de la dépression. La stimulation de la sérotonine par des changements de mode de vie ou des médicaments est un traitement courant des troubles anxieux.

2. **Le cortisol** : Connu sous le nom d'hormone du stress, le cortisol est libéré lors de la réaction de lutte ou de fuite. Bien qu'il soit essentiel en petites quantités, un excès de cortisol peut perturber le sommeil, diminuer la fonction immunitaire et exacerber l'anxiété.

3. **Acide gamma-aminobutyrique (GABA)** : Le GABA est un neurotransmetteur inhibiteur qui calme le cerveau en réduisant l'hyperactivité. Les personnes souffrant d'anxiété ont souvent un faible taux de GABA, ce qui entraîne une activité cérébrale accrue et des difficultés à se détendre.

4. **La dopamine** : La dopamine est liée à la récompense et à la motivation. Bien qu'ils ne soient pas directement liés à l'anxiété, les déséquilibres en dopamine peuvent exacerber les

sentiments d'insatisfaction et d'inquiétude.

En remédiant à ces déséquilibres chimiques par l'alimentation, l'exercice, la pleine conscience ou les médicaments, vous pouvez créer un état mental plus équilibré.

La neuroplasticité : La capacité du cerveau à changer

C'est ici que l'espoir entre en scène : votre cerveau n'est pas figé. Grâce à la **neuroplasticité**, c'est-à-dire la capacité du cerveau à se réorganiser en formant de nouvelles connexions neuronales, vous pouvez modifier la façon dont votre cerveau réagit à l'anxiété.

- **Rompre les boucles négatives** : La réaction répétée au stress par la panique renforce les voies neuronales associées à l'anxiété. Cependant, en pratiquant des techniques d'apaisement telles que la pleine conscience ou le recadrage cognitif, vous pouvez affaiblir ces voies et en construire de plus saines.

- **Renforcer la résilience** : Des activités telles que l'exercice physique régulier, la méditation et l'acquisition de nouvelles compétences stimulent la croissance de nouveaux neurones dans le cerveau, en particulier dans les zones affectées par l'anxiété, comme l'hippocampe.

- **Créer de nouvelles habitudes** : La pratique régulière de stratégies de réduction de l'anxiété entraîne des changements à long terme dans la façon dont le cerveau traite le stress. Avec le temps, ces habitudes deviennent automatiques, ce qui facilite la gestion de l'anxiété à l'avenir.

La neuroplasticité signifie que, peu importe depuis quand vous luttez contre l'anxiété, le changement est toujours possible. Votre cerveau s'adapte en permanence et, en prenant des mesures intentionnelles, vous pouvez le réapprendre à réagir au stress de manière plus saine et plus constructive.

Aller de l'avant avec la connaissance et l'autonomisation

Comprendre la science de l'anxiété n'est pas seulement un exercice académique, c'est aussi un moyen de reprendre le contrôle. Lorsque vous savez ce qui se passe dans votre cerveau et votre corps, vous pouvez aborder l'anxiété avec compassion et curiosité plutôt qu'avec peur ou frustration. Vous pouvez reconnaître que votre cerveau essaie de vous protéger, même s'il réagit de manière excessive, et que vous avez le pouvoir de le guider vers des réponses plus calmes et plus équilibrées.

Dans les chapitres suivants, nous explorerons des outils pratiques pour tirer parti de ces connaissances, y compris des techniques pour calmer votre corps, recadrer vos pensées et cultiver des habitudes qui favorisent un esprit sain. Mais pour l'instant, rappelez-vous ceci : vous n'êtes pas brisé. Votre cerveau fait de son mieux et, avec les bonnes stratégies, vous pouvez lui apprendre à faire encore mieux.

L'anxiété peut sembler accablante, mais c'est aussi une invitation à grandir, un défi que vous êtes capable de relever avec force et résilience.

Chapitre 3

Identifier vos déclencheurs et vos schémas

Pour comprendre l'anxiété, il ne suffit pas de savoir ce qu'elle est, il faut aussi comprendre comment elle se manifeste dans votre vie. L'anxiété est profondément personnelle, et si certains déclencheurs sont universels, d'autres sont propres à vos expériences et à votre environnement. La reconnaissance de vos déclencheurs et de vos schémas spécifiques est la première étape vers la prise en charge de votre anxiété. Ce chapitre vous aidera à identifier ce qui déclenche votre anxiété, à découvrir les schémas de pensée qui l'alimentent et à utiliser des outils pratiques pour briser le cycle.

Reconnaître les éléments déclencheurs de l'anxiété

Les déclencheurs sont des situations, des pensées ou des environnements qui provoquent de l'anxiété. Ils peuvent être évidents, comme une présentation, ou subtils, comme une certaine odeur qui vous rappelle un événement passé. Identifier vos déclencheurs vous permet d'anticiper et de vous préparer aux moments anxiogènes, plutôt que d'être pris au dépourvu.

Types courants de déclencheurs :

1. **Déclencheurs externes :**

   - Situations sociales (par exemple, rencontrer de nouvelles personnes, parler en public).

   - Les échéances, les examens ou le stress lié au travail.

   - Défis financiers ou incertitude.

- Les indices sensoriels tels que les bruits forts, certaines odeurs ou les espaces encombrés.

2. **Déclencheurs internes :**

   - Parler de soi de manière négative ou douter de ses capacités.

   - Souvenirs de traumatismes passés ou de conflits non résolus.

   - La peur de l'échec ou du rejet.

   - Des sensations physiques, comme un cœur qui s'emballe, qui vous rappellent d'anciens épisodes d'anxiété.

3. **Déclencheurs subtils :**

   - Changements de routine ou événements inattendus.

   - Perception d'un jugement ou d'une critique.

- Comparaisons avec les médias sociaux ou exposition à des nouvelles négatives.

Comment identifier les éléments déclencheurs ? Commencez par observer les moments où votre anxiété se manifeste. Posez-vous les questions suivantes

- Que s'est-il passé juste avant que je ne me sente anxieux ?

- Étais-je avec certaines personnes, dans un lieu particulier, ou pensais-je à quelque chose de spécifique ?

- Existe-t-il des schémas concernant le moment et l'endroit où mon anxiété se manifeste ?

Le fait de noter ces observations peut vous aider à découvrir des liens que vous auriez pu négliger.

Modèles courants de pensées négatives

Une fois que vous avez identifié vos déclencheurs, l'étape suivante consiste à comprendre les schémas de pensée qui amplifient votre anxiété. L'anxiété provient souvent de la façon dont nous interprétons les situations, plutôt que des situations elles-mêmes. Ces interprétations sont façonnées par des distorsions cognitives - des modes de pensée habituels qui sont inexacts et inutiles.

Les schémas de pensée négatifs courants :

1. **Catastrophisation :**

   o Imaginer le pire scénario, même s'il est peu probable.

   o Exemple : "Si je rate cette présentation, tout le monde pensera que je suis incompétent et je perdrai mon emploi".

2. **Généralisation abusive :**

   o Tirer des conclusions générales et négatives à partir d'un seul événement.

   o Exemple : "Je n'ai pas réussi ce projet, donc je dois être mauvais en tout".

3. **La pensée en noir et blanc :**

   o Considérer les situations dans les extrêmes, sans juste milieu.

   o Exemple : "Si je ne suis pas parfait, je suis un raté" : "Si je ne suis pas parfait, je suis un raté".

4. **Lecture de l'esprit :**

   o Supposer que l'on sait ce que les autres pensent de soi,

généralement de manière négative.

- o Exemple : "Ils n'ont pas répondu tout de suite à mon message ; ils doivent être fâchés contre moi".

5. **Personnalisation :**

- o Se blâmer pour des événements indépendants de sa volonté.

- o Exemple : "C'est ma faute si la réunion ne s'est pas bien passée, même si le client n'était pas préparé".

L'importance de ces schémas : Ces modes de pensée déformés alimentent l'anxiété en rendant les situations plus menaçantes qu'elles ne le sont. Les reconnaître est la première étape pour briser leur emprise sur vous.

Le journal et le suivi comme outils de connaissance de soi

L'un des moyens les plus efficaces pour découvrir vos déclencheurs et vos schémas de pensée est de **tenir un journal**. Le fait d'écrire vos pensées et vos sentiments vous permet de les voir plus clairement, de repérer les thèmes récurrents et de mieux comprendre comment l'anxiété fonctionne dans votre vie.

Comment utiliser un journal pour lutter contre l'anxiété :

1. **Suivez vos déclencheurs :**

   - Créez un journal des situations qui provoquent de l'anxiété.

   - Notez où et quand cela s'est produit, à quoi vous pensiez et ce que vous avez ressenti.

2. **Identifier les modèles :**

- o Recherchez les thèmes récurrents dans vos déclencheurs et vos pensées.

- o Prêtez attention au langage que vous utilisez - utilisez-vous souvent des termes tels que "toujours", "jamais" ou d'autres termes extrêmes ?

3. **Remettez vos pensées en question :**

   - o Notez les pensées qui surgissent dans les moments d'anxiété.

   - o Posez-vous la question : "Cette idée est-elle vraie ? Quelles sont les preuves qui l'étayent ou la contredisent ?"

4. **Pratiquez la gratitude :**

   - o Terminez chaque entrée en notant une chose positive qui s'est produite ce jour-là. Cela permet de passer progressivement de l'anxiété à la gratitude.

Utiliser des applications ou des outils : Si la tenue d'un journal traditionnel vous semble intimidante, envisagez d'utiliser une application de santé mentale qui permet de suivre les humeurs et les déclencheurs. Ces outils comprennent souvent des messages-guides et des analyses pour vous aider à découvrir des schémas.

Exercices pratiques pour briser les cycles de pensées anxieuses

La prise de conscience n'est que la première étape. Pour vraiment gérer l'anxiété, vous avez besoin d'outils pour perturber les cycles qui la maintiennent en vie. Voici des exercices pratiques pour vous aider à recadrer vos pensées et à calmer votre esprit :

1. **Le défi "Et si ? Challenge :**

    o   L'anxiété se nourrit de scénarios "et si". Notez vos pensées "et si", puis opposez-leur des réponses logiques.

    o   Exemple : "Et si j'échoue à l'entretien ?" → "Si je n'obtiens pas le poste, je peux tirer des leçons de cette expérience et postuler ailleurs."

2. **L'arrêt de la pensée :**

    o   Lorsque vous vous surprenez à partir en vrille, dites "Stop" à haute voix ou visualisez un panneau d'arrêt. Remplacez ensuite la pensée anxieuse par une pensée apaisante.

    o   Exemple : Remplacez "Je ne peux pas faire ça" par "J'ai déjà relevé des défis et je peux aussi le faire".

3. **La technique de mise à la terre 5-4-3-2-1 :**

- Utilisez vos sens pour vous ancrer dans le moment présent :

    - 5 choses que vous pouvez voir

    - 4 choses que vous pouvez toucher

    - 3 choses que vous pouvez entendre

    - 2 choses que l'on peut sentir

    - 1 chose que l'on peut goûter

4. **Recadrer les pensées négatives :**

- Identifiez une pensée négative et écrivez-la.

- Écrivez à côté une pensée alternative neutre ou positive.

- Exemple : "Je suis si mauvais dans ce domaine" → "J'apprends, et les progrès prennent du temps".

5. **Techniques de respiration :**

   - Pratiquez des exercices de respiration profonde pour calmer votre système nerveux.

   - Essayez la méthode 4-7-8 : inspirez pendant 4 secondes, maintenez la respiration pendant 7 secondes et expirez pendant 8 secondes.

6. **Visualisation :**

   - Imaginez-vous en train de gérer avec succès la situation qui vous angoisse.

   - Imaginez chaque détail : ce que vous ressentez, ce que vous voyez et le résultat positif.

Construire une base pour la croissance

Identifier vos déclencheurs et vos habitudes, c'est comme allumer une lumière dans une pièce sombre. Soudain, vous pouvez voir ce qui se cachait dans l'ombre et vous êtes mieux équipé pour y remédier. En reconnaissant ce qui déclenche votre anxiété et comment vos pensées y contribuent, vous acquérez un puissant sentiment de contrôle. Vous n'êtes plus un participant passif à votre anxiété - vous êtes un agent actif du changement.

L'étape suivante consiste à apprendre à reconnecter vos schémas de pensée et à adopter des habitudes qui favorisent un esprit plus calme et plus résilient. Les outils et les exercices présentés dans ce chapitre jettent les bases d'une transformation qui vous permettra d'affronter l'anxiété avec confiance et clarté.

Chapitre 4

Maîtriser les techniques de gestion du stress

Le stress est un élément inévitable de la vie. Cependant, la façon dont vous réagissez au stress peut faire une différence significative dans votre bien-être général. Bien qu'il soit impossible d'éliminer tous les facteurs de stress, vous pouvez apprendre à gérer le stress de manière efficace grâce à des techniques fondées sur des données probantes. Ce chapitre explore des stratégies éprouvées, des outils pratiques et des adaptations du mode de vie pour vous aider à gérer le stress avec plus de facilité et de résilience.

Méthodes de réduction du stress fondées sur des données probantes

Le corps humain est doté de mécanismes naturels pour lutter contre le stress, mais ces mécanismes doivent souvent être activés de manière consciente. Voici quelques-unes des techniques les plus efficaces pour réduire le stress :

1. **Respiration profonde**

   - **Comment cela fonctionne-t-il ?** Lorsque l'on est stressé, on respire souvent de manière superficielle, ce qui incite le corps à rester dans un état de vigilance accrue. La respiration profonde inverse ce phénomène en activant le système nerveux parasympathique, qui favorise la relaxation.

   - **Technique** :

- S'asseoir ou s'allonger dans une position confortable.

- Inspirez profondément par le nez en comptant jusqu'à quatre, en laissant votre ventre se gonfler.

- Retenez votre respiration en comptant jusqu'à quatre.

- Expirez lentement par la bouche en comptant jusqu'à six.

- Répétez l'opération pendant 5 à 10 minutes.

- **Avantages** : Réduit le rythme cardiaque, abaisse la tension artérielle et apporte un calme immédiat.

2. **Relaxation musculaire progressive (PMR)**

- **Comment ça marche** ? Le stress entraîne souvent des tensions musculaires. La PMR consiste à tendre et à relâcher chaque groupe de muscles pour libérer le stress physique.

- **Technique** :

  - Commencez par les pieds et remontez, ou commencez par la tête et descendez.

  - Tendez chaque groupe de muscles (par exemple, les pieds, les jambes, l'abdomen, les bras) pendant 5 à 10 secondes, puis relâchez pendant 20 secondes.

- Faites attention à la différence entre la tension et la relaxation.

- **Avantages** : Améliore la conscience du corps, réduit l'inconfort physique et favorise la relaxation.

3. **La pleine conscience**

- **Comment cela fonctionne-t-il ?** La pleine conscience consiste à se concentrer sur le moment présent sans jugement. En vous ancrant dans le "maintenant", vous pouvez interrompre les cycles de stress et d'inquiétude.

- **Technique** :

  - Asseyez-vous tranquillement et concentrez-vous sur votre respiration, vos

> sensations ou votre environnement.

- Lorsque votre esprit s'égare, ramenez-le doucement à votre point de concentration.

- Pratiquez pendant 5 à 15 minutes par jour.

- **Avantages** : Améliore la régulation émotionnelle, réduit la rumination et renforce la résistance au stress.

Techniques de méditation et de visualisation pour calmer l'esprit

La méditation et la visualisation vont de pair avec la pleine conscience, offrant des outils pour calmer l'esprit, réduire l'anxiété et cultiver la paix intérieure.

1. **Méditation**

   o **Méditation guidée** :

     - Écoutez une séance enregistrée qui vous guide à l'aide d'images ou d'affirmations apaisantes.

     - Des applications telles que Calm ou Headspace peuvent fournir des conseils structurés.

   o **Mantra de méditation** :

     - Répétez un mot ou une phrase apaisante, comme "paix" ou "je suis calme".

     - Concentrez-vous sur le son et le rythme pour calmer votre esprit.

   o **Méditation par balayage corporel** :

- Balayez mentalement votre corps de la tête aux pieds, en repérant les zones de tension et en les relâchant consciemment.

2. Visualisation

- **Comment cela fonctionne-t-il ?** La visualisation consiste à créer des images mentales de scènes apaisantes ou valorisantes afin de réduire le stress.

- **Technique** :

  - Fermez les yeux et imaginez-vous dans un endroit paisible, comme une plage ou une forêt.

  - Mettez tous vos sens en éveil - entendez les vagues, sentez la chaleur du soleil, humez l'air frais.

- Passez 5 à 10 minutes à vous immerger dans cette retraite mentale.

  ○ **Avantages** : Améliore la concentration, renforce la relaxation et favorise le sentiment de contrôle.

Conseils pratiques pour intégrer les pratiques de relaxation dans la vie quotidienne

Apprendre des techniques de gestion du stress est une chose - les intégrer à votre routine quotidienne en est une autre. Voici des moyens d'intégrer ces pratiques dans votre vie :

1. **Commencer petit**

   o Consacrez seulement 5 minutes par jour à des exercices de relaxation. Au fur et à mesure qu'ils deviennent des habitudes, augmentez progressivement le temps consacré à ces exercices.

2. **Associer les pratiques aux habitudes existantes**

   o Méditez quelques minutes après vous être brossé les dents ou respirez profondément avant de commencer votre journée de travail.

3. **Utiliser les "déclencheurs" comme rappels**

   o Laissez des moments précis, comme une file d'attente ou un embouteillage, vous inciter à respirer profondément ou à pratiquer la pleine conscience.

4. **Créer un espace dédié**

   - Aménagez un espace calme et dégagé pour vous détendre. Ajoutez des éléments apaisants tels qu'une chaise confortable, des parfums apaisants ou un éclairage doux.

5. **Fixer des intentions**

   - Commencez chaque journée par une intention consciente, telle que "Aujourd'hui, je vais rester présent", afin de renforcer un état d'esprit propice à la réduction du stress.

6. **Tirer parti de la technologie**

   - Utilisez des applications, des minuteurs ou des rappels pour rester cohérent avec vos pratiques de relaxation.

Créer un environnement favorable et peu stressant

Votre environnement joue un rôle crucial dans votre niveau de stress. En façonnant votre environnement de manière à favoriser la relaxation et le bien-être, vous pouvez réduire la fréquence et l'intensité des déclencheurs de stress.

1. **Désencombrement de l'espace**

   - Le désordre physique contribue souvent au désordre mental. Commencez par de petites choses, en désencombrant une zone à la fois, afin de créer un environnement calme et organisé.

2. **Introduire des éléments apaisants**

   - Ajoutez des éléments qui favorisent la relaxation, tels que

     - Des plantes pour l'air frais et la verdure.

- Un éclairage doux, comme des lampes ou des bougies, pour créer une ambiance chaleureuse.

- Des sons apaisants, comme des bruits blancs ou des enregistrements de la nature.

3. **Fixer des limites**

- Protégez votre temps et votre énergie en fixant des limites claires :

  - Limiter les communications liées au travail en dehors des heures de bureau.

  - Dites non aux engagements qui vous semblent insurmontables.

4. **Favoriser les relations de soutien**

- Entourez-vous de personnes qui vous encouragent et vous soutiennent.

- Partagez vos objectifs de gestion du stress avec vos proches, afin qu'ils vous encouragent et respectent vos efforts.

5. Donner la priorité au repos

- Créez une routine de coucher qui favorise un sommeil de qualité, par exemple en réduisant l'éclairage, en évitant les écrans et en pratiquant des techniques de relaxation avant de vous coucher.

Le pouvoir de transformation de la gestion du stress

Maîtriser la gestion du stress ne consiste pas à l'éradiquer complètement, mais à transformer votre réaction. En utilisant des techniques telles que la respiration profonde, la relaxation musculaire progressive et la pleine conscience, vous pouvez cultiver un sentiment de calme qui vous servira de base dans les moments difficiles. La méditation et la visualisation offrent des outils supplémentaires pour calmer l'esprit, tandis que des habitudes pratiques vous aident à intégrer ces pratiques dans votre vie quotidienne.

La création d'un environnement favorable renforce votre capacité à gérer le stress, en faisant de votre maison, de votre espace de travail et de vos relations des sources de paix plutôt que de pression. Chaque mesure prise pour gérer le stress vous rapproche d'une vie plus équilibrée et plus satisfaisante.

N'oubliez pas que le stress n'a pas à vous contrôler. Avec les bons outils et un engagement à prendre soin de soi, vous pouvez reprendre le contrôle et prospérer face aux exigences de la vie.

Chapitre 5

Recâbler les schémas de pensée négatifs

L'anxiété se nourrit de notre façon de penser. Souvent, ce ne sont pas les événements de notre vie qui provoquent l'anxiété, mais les schémas de pensée que nous développons en réponse à ces événements. Ces schémas peuvent sembler automatiques et accablants, mais la bonne nouvelle est qu'ils ne sont pas permanents. Avec les bonnes stratégies, vous pouvez identifier, remettre en question et remplacer les schémas de pensée négatifs afin de réduire l'anxiété et de renforcer la résilience. Ce chapitre explore les principes de la thérapie cognitivo-comportementale (TCC), les exercices pratiques et le pouvoir transformateur de l'autocompassion.

Le rôle de la thérapie cognitivo-comportementale dans la réorientation des pensées

La thérapie cognitivo-comportementale (TCC) est l'un des outils les plus efficaces pour gérer l'anxiété. Elle repose sur l'idée que nos pensées, nos sentiments et nos comportements sont liés. En changeant notre façon de penser, nous pouvons modifier nos sentiments et nos réactions.

Principes clés de la TCC :

1. **Identifier les schémas de pensée négatifs** :

   - Reconnaître les distorsions de pensée qui contribuent à l'anxiété (par exemple, catastrophisme ou personnalisation des événements).

2. **Remettre en question et recadrer les pensées** :

  - Remettre en question l'exactitude des pensées anxieuses et les remplacer par des alternatives constructives et fondées sur des preuves.

3. **Activation comportementale** :

  - Aborder les comportements d'évitement qui renforcent l'anxiété en affrontant progressivement les situations redoutées.

Les schémas de pensée négatifs courants dans l'anxiété :

- **Catastrophisation** : imaginer le pire résultat possible.

  - *Exemple* : "Si j'échoue à cette présentation, ma carrière sera terminée".

- **Généralisation abusive** : Tirer des conclusions générales à partir d'un seul événement.

  - *Exemple* : "Je n'ai pas réussi cette tâche, donc je vais tout rater".

- **La pensée du tout ou rien** : Considérer les situations comme des extrêmes, tels que le succès ou l'échec.

  - *Exemple : "Si je ne suis pas parfait, je ne vaux rien"* : "Si je ne suis pas parfait, je ne vaux rien".

- **Personnalisation** : Se blâmer pour des événements indépendants de sa volonté.

  - *Exemple* : "C'est ma faute si l'équipe n'a pas respecté la date limite".

En identifiant et en recadrant ces schémas, vous pouvez reprendre le contrôle de vos pensées.

Remplacer les scénarios "et si" par une réflexion constructive

L'un des outils favoris de l'anxiété est la question "et si". Ces scénarios hypothétiques se transforment souvent en pensées catastrophiques, même lorsque la probabilité du résultat imaginé est minime. Apprendre à remplacer les questions "et si" par des réflexions constructives permet d'arrêter ces spirales avant qu'elles ne prennent de l'ampleur.

Étapes à suivre pour remplacer les scénarios de type "Et si" :

1. **Reconnaître la pensée** :

    o Rédigez votre question "et si". Par exemple : "Et si je me ridiculise lors de la réunion ? "Et si je me mettais dans l'embarras lors de la réunion ?"

2. **Examiner les preuves** :

   - Posez-vous la question :

     - Existe-t-il des preuves réelles que cela se produira ?

     - Cela s'est-il déjà produit auparavant et, dans l'affirmative, comment l'ai-je géré ?

3. **Tenir compte de la probabilité** :

   - Évaluez la probabilité que votre scénario catastrophe se réalise sur une échelle de 0 à 10. Souvent, vous constaterez qu'il est beaucoup moins probable que vous ne le craignez.

4. **Passer à une pensée constructive** :

- Remplacez le "et si" par une déclaration constructive :

    - *Exemple* : "Même si je me sens nerveux pendant la réunion, je peux me préparer et me concentrer pour faire de mon mieux".

5. **Plan d'action** :

    - Si le scénario semble réellement possible, élaborez un plan simple pour y faire face. Le fait de savoir que vous disposez d'une stratégie peut réduire considérablement l'anxiété.

Exemple de recadrage :

- **La pensée "Et si"** : "Et si je disais quelque chose de stupide pendant la présentation ?"

- **Recadrer** : "C'est normal de faire des erreurs ; la plupart des gens ne les remarqueront même pas. Je me concentrerai sur les points essentiels et je m'entraînerai à l'avance."

Exercices pratiques pour recréer les réponses habituelles au stress

Modifier la réponse automatique du cerveau au stress nécessite une pratique régulière. Voici des exercices conçus pour vous aider à reconnecter vos schémas de pensée et à cultiver des habitudes mentales plus saines :

1. **Exercice d'enregistrement de la pensée :**

    o Tenez un journal pour documenter les situations stressantes et vos réactions.

    o Inclure les éléments suivants :

        ▪ La gâchette : Que s'est-il passé ?

- Pensée automatique : Quelle a été votre première réaction ?

- Preuves à l'appui : Quels sont les éléments qui étayent cette idée ?

- Preuves à l'appui : Qu'est-ce qui le contredit ?

- Recadrer : Quelle est la façon la plus équilibrée de voir les choses ?

2. **La technique du "retournement de situation" :**

- Écrivez une pensée négative, puis transformez-la en son équivalent positif.

- Exemple :

- Pensée négative : "Je ne serai jamais capable de gérer cela".

- Recadrage positif : "J'ai déjà relevé des défis par le passé, et je peux aussi le faire".

3. **Pratique de la gratitude** :

   - À la fin de chaque journée, notez trois choses pour lesquelles vous êtes reconnaissant, même si elles sont minimes.

   - La gratitude permet de détourner l'attention du stress et de l'orienter vers les aspects positifs de la vie.

4. **Exercice de visualisation** :

   - Imaginez-vous en train de gérer avec succès une situation qui vous angoisse.

- o Imaginez chaque détail - ce que vous ressentez, ce que vous dites et le résultat positif.

5. **La méthode "Stop and Redirect"** :

- o Lorsque vous vous surprenez à vous parler négativement, dites "Stop !" à haute voix ou mentalement.

- o Remplacez immédiatement cette pensée par une affirmation apaisante ou positive.

Le pouvoir de l'autocompassion pour surmonter le discours critique à l'égard de soi-même

L'un des aspects les plus nocifs de l'anxiété est la façon dont elle amplifie le discours critique à l'égard de soi-même. Des phrases telles que "Je ne suis pas assez bon" ou "Je me plante toujours" peuvent devenir des croyances enracinées qui perpétuent l'anxiété. L'autocompassion est un puissant antidote à cette critique intérieure.

Qu'est-ce que l'autocompassion ? L'autocompassion consiste à se traiter soi-même avec la même gentillesse et la même compréhension que l'on offrirait à un ami proche. Elle comprend trois éléments clés :

1. **Bienveillance à l'égard de soi-même** : S'adresser à soi-même avec douceur et soutien, en particulier dans les moments difficiles.

2. **Humanité commune** : Reconnaître que tout le monde commet des erreurs et fait face à des défis.

3. **La pleine conscience** : Observer ses pensées et ses sentiments sans porter de jugement.

Des moyens pratiques pour cultiver l'autocompassion :

1. **Réécrivez votre scénario intérieur** :

   - Remplacez les propos durs à votre égard par des phrases encourageantes :

     - Au lieu de : "Je suis un tel échec", essayez : "J'apprends et je grandis."

2. **Pratiquer l'auto-apaisement** :

   - En cas d'anxiété, placez une main sur votre poitrine ou serrez-vous dans vos bras. Ce geste physique peut déclencher des sentiments de confort et de sécurité.

3. **Défier le perfectionnisme** :

   - Rappelez-vous que l'imperfection fait partie de l'être humain. Célébrez les

petites victoires et les progrès
plutôt que la perfection.

4. **Journal de l'autocompassion** :

   o Écrivez une lettre à vous-même
     comme si vous écriviez à un
     ami cher qui lutte contre
     l'anxiété. Offrez-lui de la
     compréhension, du soutien et
     des encouragements.

Le pouvoir de transformation des schémas de pensée

Le rétablissement des schémas de pensée négatifs n'est pas une solution rapide ; c'est un processus graduel qui exige de la patience et de la pratique. Cependant, l'effort en vaut vraiment la peine. En utilisant des techniques de TCC, en remplaçant les scénarios "et si" par des pensées constructives et en pratiquant l'autocompassion, vous pouvez changer fondamentalement votre rapport au stress et à l'anxiété.

Chaque fois que vous remettez en question une pensée négative ou que vous vous approchez de vous-même avec bienveillance, vous créez de nouvelles voies neuronales qui favorisent la résilience et la paix. Avec le temps, ces schémas de pensée plus sains deviendront votre défaut, vous permettant d'affronter les défis de la vie avec confiance et calme.

N'oubliez pas que vos pensées ne sont pas des faits, mais des habitudes. Et comme toute habitude, elles peuvent être modifiées. À chaque pas que vous faites, vous vous rapprochez de la liberté et de la clarté que vous méritez.

Chapitre 6

Renforcer la résilience par des habitudes saines

La résilience n'est pas seulement une aptitude mentale ou émotionnelle, elle est profondément liée à votre bien-être physique. Un corps sain constitue la base d'un esprit résilient. En prenant soin de votre santé physique, vous vous donnez les moyens de mieux gérer le stress et l'anxiété et de vous remettre des épreuves de la vie. Ce chapitre explore le lien profond entre la santé physique et le bien-être mental, fournit des conseils pratiques pour améliorer le sommeil, la nutrition et l'exercice, et met l'accent sur le pouvoir de la routine et de la constance dans le développement de la résilience.

Le lien entre la santé physique et le bien-être mental

Le corps et l'esprit sont indissociablement liés. La façon dont vous traitez votre corps influence votre façon de penser, de vous sentir et de réagir au stress. Lorsque la santé physique est négligée, elle se manifeste souvent par une augmentation de l'anxiété, des difficultés de concentration et une instabilité émotionnelle. À l'inverse, donner la priorité à la santé physique favorise la clarté mentale, l'équilibre émotionnel et la résilience.

Principales façons dont la santé physique influe sur le bien-être mental :

1. **Le sommeil et les fonctions cérébrales :**

    - Un sommeil de qualité rétablit les fonctions cognitives,

améliore la régulation émotionnelle et réduit l'anxiété.

- Le manque chronique de sommeil augmente les hormones de stress comme le cortisol, ce qui rend la gestion de l'anxiété plus difficile.

2. **Nutrition et humeur** :

- Une alimentation équilibrée fournit les nutriments dont le cerveau a besoin pour fonctionner de manière optimale.

- Les carences en certaines vitamines et minéraux (magnésium, oméga-3, etc.) sont liées à l'anxiété et à la dépression.

3. **Exercice et réduction du stress** :

- L'activité physique libère des endorphines, des stimulants naturels de l'humeur du cerveau.

- L'exercice régulier réduit la réponse du corps au stress, améliorant ainsi la résistance physique et mentale.

Améliorer le sommeil, la nutrition et l'exercice pour gérer l'anxiété

Voyons comment vous pouvez optimiser ces trois piliers essentiels de la santé pour gérer l'anxiété et renforcer la résilience.

1. Le sommeil : Le fondement de la résilience mentale

Le sommeil est le moment où le cerveau se répare, traite les émotions et consolide les souvenirs. Un mauvais sommeil perturbe ces processus, ce qui vous rend plus vulnérable à l'anxiété.

Conseils pour mieux dormir :

- **Établir un horaire de sommeil cohérent :**

  - Se coucher et se réveiller à la même heure tous les jours, même le week-end.

- **Créez une routine relaxante à l'heure du coucher :**

  - Terminez votre journée par des activités calmantes telles que la lecture, la respiration profonde ou de légers étirements.

- **Optimisez votre environnement de sommeil :**

  - Gardez votre chambre à coucher dans l'obscurité, le calme et la fraîcheur.

  - Utilisez des rideaux occultants et des machines à bruit blanc si nécessaire.

- **Limiter les stimulants :**

- Évitez la caféine, la nicotine et les écrans au moins une heure avant de vous coucher.

- **Pratiquez la relaxation progressive** :

  - Utilisez des techniques telles que la relaxation musculaire progressive ou le balayage corporel pour calmer votre corps en vue du sommeil.

2. La nutrition : L'alimentation du corps et de l'esprit

Ce que vous mangez influe profondément sur ce que vous ressentez. Une alimentation équilibrée stabilise la glycémie, soutient les fonctions cérébrales et fournit les nutriments nécessaires à la résistance émotionnelle et physique.

Principales recommandations nutritionnelles pour la gestion de l'anxiété :

- **Donner la priorité aux produits alimentaires complets** :

    - Privilégiez les fruits, les légumes, les céréales complètes, les protéines maigres et les graisses saines.

- **Équilibrer la glycémie** :

    - Évitez les en-cas sucrés et les glucides raffinés, qui provoquent des baisses d'énergie et des sautes d'humeur.

    - Optez pour des glucides complexes comme l'avoine, le quinoa et les patates douces, qui favorisent une énergie régulière.

- **Inclure des nutriments qui réduisent l'anxiété** :

  - Magnésium : Présent dans les légumes verts, les noix et les graines.

  - Acides gras oméga-3 : Présents dans les poissons gras, les graines de lin et les noix.

  - Vitamine D : Présente dans les aliments enrichis et l'exposition au soleil.

  - Les probiotiques : Présents dans le yaourt, le kéfir et les aliments fermentés, ils favorisent la santé intestinale et l'humeur.

- **Restez hydraté** :

  - La déshydratation peut exacerber l'anxiété, alors buvez beaucoup d'eau tout au long de la journée.

3. Exercice : Vers le calme

L'exercice physique est l'un des moyens les plus efficaces de réduire l'anxiété. Il améliore non seulement la santé physique, mais aussi l'humeur, réduit le stress et augmente la confiance en soi.

Les meilleurs types d'exercices pour l'anxiété :

- **Exercice aérobique** :

  - Des activités comme la marche, le jogging ou le vélo augmentent les endorphines et réduisent les hormones de stress.

- **Entraînement musculaire** :

  - Le développement de la force physique peut accroître la force mentale et la résilience.

- **Yoga et Tai Chi :**

- L'association du mouvement et de la pleine conscience calme le système nerveux et favorise la relaxation.

- **Activités de plein air** :

  - L'exercice dans la nature offre l'avantage supplémentaire de l'air frais et d'un soulagement naturel du stress.

Conseils pour faire de l'exercice une habitude :

- Commencez modestement : visez 10 à 15 minutes par jour et augmentez progressivement.

- Choisissez des activités qui vous plaisent : L'exercice ne doit pas être une corvée.

- Associez-le à d'autres habitudes : Marchez après les repas ou faites du yoga avant de vous coucher.

- Suivez vos progrès : Utilisez un journal ou une application pour célébrer les étapes importantes.

Le rôle de la routine et de la constance dans la promotion de la résilience

La routine est le héros méconnu de la résilience. Lorsque la vie semble chaotique, les routines créent de la stabilité. Elles offrent une structure, réduisent la fatigue liée à la prise de décision et donnent un sentiment de contrôle, autant d'éléments essentiels pour gérer l'anxiété.

L'importance de la routine

- La prévisibilité réduit l'incertitude, qui est un important facteur d'anxiété.

- Les habitudes constantes renforcent les voies neuronales, ce qui rend les comportements sains automatiques.

- Une journée structurée permet d'équilibrer la productivité et la détente, ce qui réduit les risques de débordement.

Construire une routine résiliente :

1. **Commencez par une routine matinale :**

   - Commencez la journée par des pratiques intentionnelles telles que la méditation, la tenue d'un journal ou de légers étirements.

   - Évitez de consulter les courriels ou les médias sociaux dès le matin.

2. **Incorporez des pauses :**

   - Prévoyez de courtes pauses tout au long de la journée pour vous ressourcer.

- Profitez de ces moments pour respirer profondément ou faire une petite promenade.

3. **Terminez par une routine du soir** :

   - Faites des activités apaisantes comme la lecture, la réflexion sur la journée écoulée ou la préparation du lendemain.

4. **Donner la priorité à la cohérence** :

   - Essayez de maintenir votre routine même pendant les week-ends ou les périodes chargées.

5. **Soyez flexible** :

   - La vie est ainsi faite qu'il ne faut pas se laisser décourager par une routine perturbée. Reprenez simplement le cours de votre vie dès que vous le pouvez.

Conseils pratiques pour adopter et conserver des habitudes saines

L'acquisition d'habitudes saines requiert de l'intention et des efforts. Les conseils suivants peuvent vous aider à mettre en place des changements durables :

1. **Fixer des objectifs réalistes** :

   - Concentrez-vous sur de petites étapes réalisables plutôt que de tout bouleverser d'un seul coup.

   - Exemple : Commencez par ajouter un légume à vos repas ou par marcher 10 minutes par jour.

2. **Utiliser l'empilement des habitudes** :

- Lier une nouvelle habitude à une habitude existante.

- Exemple : Tenez un journal de gratitude juste après vous être brossé les dents.

3. **Suivez vos progrès** :

- Utilisez un carnet de suivi des habitudes ou un journal pour contrôler la cohérence et célébrer les victoires.

- Le fait de voir les progrès accomplis vous motive à continuer.

4. **Rechercher la responsabilisation** :

- Partagez vos objectifs avec un ami, inscrivez-vous à un cours ou utilisez des applications pour rester responsable.

5. **Récompensez-vous** :

○ Renforcez vos efforts par de petites récompenses, comme un bain relaxant ou votre collation préférée.

6. **Prévoir les obstacles** :

○ Anticipez les difficultés, comme les emplois du temps chargés ou le manque de motivation, et prévoyez des plans de secours.

Renforcer la résilience pour une vie plus saine et plus heureuse

Les habitudes saines sont les fondements de la résilience. En améliorant votre sommeil, votre alimentation et votre activité physique, vous ne vous contentez pas de lutter contre l'anxiété, vous créez les bases d'un bien-être à long terme. La routine et la constance amplifient ces avantages, vous donnant la stabilité et la confiance nécessaires pour faire face à tout ce que la vie vous réserve.

Chaque petit changement que vous apportez contribue à vous rendre plus sain et plus heureux. Le voyage vers la résilience peut prendre du temps, mais les récompenses - un esprit plus calme, un corps plus fort et une vie plus équilibrée - en valent la peine. En intégrant ces habitudes dans votre vie quotidienne, vous serez mieux équipé pour gérer l'anxiété et vous épanouir dans tous les domaines de votre vie.

Chapitre 7

S'épanouir au-delà de l'anxiété

L'épanouissement ne se limite pas à la gestion de l'anxiété ; il s'agit de créer une vie qui a du sens, qui est joyeuse et qui est satisfaisante. Bien que l'anxiété puisse donner l'impression de définir vos journées, il n'est pas nécessaire qu'elle le fasse. S'épanouir, c'est tirer les leçons de la gestion de l'anxiété et les utiliser pour renforcer la confiance en soi, soigner les relations et poursuivre l'épanouissement personnel. Ce chapitre vous aide à imaginer ce à quoi ressemble l'épanouissement pour vous et vous fournit des outils pratiques pour passer de la survie à la vraie vie.

Définir ce qu'est l'épanouissement pour vous

L'épanouissement est profondément personnel. Pour une personne, cela peut signifier réussir sa carrière ; pour une autre, cela peut signifier cultiver une vie paisible et équilibrée. Pour prospérer, vous devez d'abord identifier ce que cela signifie pour vous.

Questions de réflexion pour définir l'épanouissement :

1. **Qu'est-ce qui m'apporte de la joie ?**

   - Pensez à des moments où vous vous êtes senti véritablement heureux ou comblé.

2. **Quelles sont mes valeurs fondamentales ?**

- o Réfléchissez à ce qui compte le plus pour vous - la famille, la créativité, la santé, le service, etc.

3. **À quoi ressemble l'équilibre dans ma vie ?**

   - o Identifiez les domaines dans lesquels vous souhaitez consacrer plus ou moins de temps et d'énergie.

4. **Que signifie le succès pour moi ?**

   - o Définissez le succès selon vos propres termes, et non en fonction d'attentes sociétales ou externes.

Exercice : Cartographie de la vision

- Créez un tableau de vision ou rédigez une description détaillée de votre vie idéale.

- Incluez des éléments spécifiques, tels que les objectifs de carrière, les réalisations personnelles et les aspirations en matière de mode de vie.

- Utilisez ce guide pour aligner vos actions sur votre définition de l'épanouissement.

L'importance de se fixer des objectifs et de célébrer les petites victoires

Une fois que vous avez défini ce qu'est l'épanouissement, l'étape suivante consiste à fixer des objectifs réalisables pour y parvenir. Les objectifs vous donnent une direction et un but, tandis que la célébration des petites victoires en cours de route vous permet de rester motivé et de prendre de l'élan.

Pourquoi les objectifs sont importants :

- **Concentration :** Ils vous aident à donner la priorité à ce qui est le plus important.

- **La croissance :** Travailler à la réalisation d'objectifs vous pousse à sortir de votre zone de confort.

- **Confiance en soi :** Le fait de franchir des étapes, même modestes, renforce votre confiance en vos capacités.

Comment fixer des objectifs efficaces :

1. **Soyez précis :**

   - Au lieu de "Je veux être moins anxieux", essayez "Je vais pratiquer la pleine conscience pendant 10 minutes par jour".

2. **Rendez-les mesurables :**

   - Incluez des critères de suivi des progrès, comme la tenue d'un journal trois fois par semaine ou l'achèvement d'un cours à une date précise.

3. **Veillez à ce qu'ils soient réalisables :**

   o Divisez les grands objectifs en étapes plus petites et plus faciles à gérer.

4. **Fixer un calendrier :**

   o Les échéances créent une responsabilité et une structure.

5. **Concentrez-vous sur ce que vous pouvez contrôler :**

   o Axez vos objectifs sur les actions que vous pouvez entreprendre, plutôt que sur les résultats que vous ne pouvez pas garantir.

Célébrez les petites victoires :

- Reconnaître les progrès, même s'ils sont minimes.

- Créez un système de récompenses, par exemple en vous offrant une activité favorite après avoir atteint un objectif.

- Réfléchissez au chemin parcouru pour renforcer votre sentiment d'accomplissement.

Exemple de petites victoires :

- Surmonter une situation d'anxiété sociale, comme assister à une réunion.

- Suivre une routine d'autosoins de manière cohérente pendant une semaine.

- Dire "non" à quelque chose qui me paraissait insurmontable.

Renforcer la confiance et l'estime de soi

L'anxiété érode souvent la confiance et l'estime de soi, mais pour prospérer, il faut croire en ses capacités et avoir confiance en sa valeur. Il faut du temps et de l'entraînement pour acquérir ces qualités, mais c'est tout à fait possible.

Stratégies pour renforcer la confiance en soi :

1. **Se concentrer sur les points forts :**

   - Dressez une liste de vos compétences, talents et qualités. Rappelez-vous ce que vous apportez.

2. **Prendre de petits risques :**

   - La confiance en soi se développe lorsque l'on est confronté à des défis.

Commencez par prendre des risques gérables et partez de là.

- o Exemple : Prenez la parole lors d'une réunion ou essayez un nouveau passe-temps.

3. **Défier le doute de soi :**

- o Remplacez les propos négatifs par des affirmations positives.

- o Exemple : Remplacez "Je ne sais pas faire ça" par "Je suis en train d'apprendre et je m'améliorerai avec de l'entraînement".

4. **Pratiquez l'autocompassion :**

- o Traitez-vous avec gentillesse, surtout lorsque les choses ne se passent pas comme prévu. Reconnaissez les efforts plutôt que la perfection.

Étapes pour renforcer l'estime de soi :

- **Fixer des limites :**

  - Dites non aux choses qui drainent votre énergie ou qui compromettent vos valeurs.

- **Entourez-vous de positivité :**

  - Passez du temps avec des personnes qui vous soutiennent et vous encouragent.

- **Suivre les progrès :**

  - Tenez un journal de vos réalisations et réfléchissez à votre évolution.

- **Célébrer l'unicité :**

  - Reconnaissez que votre valeur ne repose pas sur des comparaisons. Acceptez ce qui vous rend unique.

La valeur de la gratitude, de la connexion et de la croissance personnelle

L'épanouissement n'est pas seulement une question de résultats, mais aussi de sentiments et de qualité des relations. La gratitude, la connexion et le développement personnel sont des éléments clés d'une vie épanouie.

Le pouvoir de la gratitude : La gratitude fait passer votre attention de ce qui manque à ce qui est abondant. Elle vous aide à apprécier les aspects positifs de votre vie, même dans les moments difficiles.

Pratiquer la gratitude :

1. **Journal de gratitude quotidien :**

   - Notez chaque jour trois choses pour lesquelles vous êtes reconnaissant.

2. **Rituels de gratitude :**

  - Partagez votre reconnaissance pendant les repas ou avec vos proches.

3. **Exprimez votre gratitude :**

   - Dites à quelqu'un pourquoi vous l'appréciez, ce qui renforcera votre lien.

L'importance de la connexion : L'être humain est fait pour être en contact avec autrui. L'établissement de relations de soutien permet de lutter contre la solitude et d'améliorer la résilience.

Comment favoriser la connexion :

- **Être présent :**

  - Accordez toute votre attention aux autres pendant les conversations.

- **Rejoindre les communautés :**

- Participez à des groupes ou à des activités qui correspondent à vos intérêts.

- **Pratiquez l'empathie :**

  - Faites preuve de compréhension et de gentillesse à l'égard des autres, ce qui permet souvent d'approfondir les liens.

Le rôle de la croissance personnelle : L'épanouissement passe par l'apprentissage et l'amélioration continus de soi. La croissance vous pousse à élargir votre zone de confort et à découvrir votre potentiel.

Les moyens de poursuivre la croissance :

- **Apprendre de nouvelles compétences :**

  - Suivez un cours, lisez un livre ou essayez un nouveau passe-temps.

- **Réfléchir régulièrement :**

  - Réservez du temps pour évaluer vos progrès et réorienter vos objectifs.

- **Demander un retour d'information :**

  - Les commentaires constructifs des autres peuvent vous aider à grandir et à vous améliorer.

S'épanouir : Un voyage qui dure toute la vie

S'épanouir au-delà de l'anxiété ne consiste pas à atteindre une destination unique, mais plutôt à entreprendre un voyage de croissance, de connexion et d'épanouissement tout au long de la vie. Il s'agit de définir sa propre version du succès, de se fixer des objectifs significatifs et d'acquérir la confiance nécessaire pour les atteindre. Il s'agit de cultiver la gratitude pour le moment présent et d'investir dans des relations qui apportent joie et soutien.

En allant de l'avant, n'oubliez pas que s'épanouir ne signifie pas être à l'abri des difficultés. Cela signifie qu'il faut faire face à ces défis avec résilience, compassion et un sens clair de l'objectif à atteindre. Vous avez les outils et la force de créer une vie riche et pleine de sens, une étape à la fois.

Chapitre 8

Votre boîte à outils de gestion de l'anxiété

Alors que nous arrivons au dernier chapitre de ce livre, il est temps de consolider tout ce que vous avez appris et de vous doter d'une boîte à outils pratique et personnalisée pour gérer l'anxiété. Considérez-le comme votre guide de référence, une ressource sur laquelle vous pouvez compter chaque fois que l'anxiété se manifeste. Ce chapitre résume les stratégies clés que nous avons explorées, vous aide à créer un plan personnalisé de gestion de l'anxiété et vous apporte le soutien nécessaire pour surmonter les difficultés. Plus important encore, il vous donne de l'espoir et de l'autonomie pour aller de l'avant.

Résumé des principales techniques et stratégies

Tout au long de cet ouvrage, nous avons abordé un large éventail d'outils et d'idées pour vous aider à gérer l'anxiété et à renforcer votre résilience. Revenons sur les techniques de base :

1. **Comprendre l'anxiété :**

   - Reconnaître la différence entre le stress normal et l'anxiété chronique.

   - Identifier les manifestations physiques, mentales et émotionnelles de l'anxiété.

2. **La science de l'anxiété :**

   - Comprendre la réaction de lutte ou de fuite et son rôle dans l'anxiété.

   - Exploiter les connaissances sur les neurotransmetteurs tels que la sérotonine et le cortisol pour favoriser la santé mentale.

- o La neuroplasticité est une preuve de la capacité du cerveau à changer.

3. **Identifier les éléments déclencheurs et les modèles :**

- o Tenez un journal pour découvrir les déclencheurs spécifiques et les schémas de pensée négatifs.

- o Remettre en question les distorsions cognitives telles que le catastrophisme et la surgénéralisation.

- o Pratiquer des techniques de mise à la terre pour rester présent.

4. **Techniques de gestion du stress :**

- o Incorporez la respiration profonde, la relaxation

muscular progressive et la pleine conscience dans votre routine quotidienne.

- o Expérimentez la méditation et la visualisation pour calmer votre esprit.

- o Créez un environnement favorable qui minimise le stress.

5. **Réinitialiser les schémas de pensée négatifs :**

- o Utiliser des techniques de thérapie cognitivo-comportementale (TCC) pour recadrer les pensées négatives.

- o Remplacer les scénarios "et si" par des réflexions constructives.

- o Cultiver l'autocompassion pour surmonter le discours critique à l'égard de soi-même.

6. **Construire des habitudes saines :**

- o Améliorer le sommeil, la nutrition et l'exercice physique pour favoriser le bien-être mental.

- o Établir des routines cohérentes pour favoriser la résilience.

- o Utilisez de petites étapes réalisables pour créer des changements durables.

7. **S'épanouir au-delà de l'anxiété :**

- o Définissez ce que vous entendez par "prospérité" et fixez des objectifs significatifs.

- o Célébrez les petites victoires et encouragez le développement personnel.

- o Pratiquez la gratitude et entretenez des relations de soutien.

Création d'un plan personnalisé de gestion de l'anxiété

Maintenant que vous disposez d'une boîte à outils complète, il est temps de l'adapter à vos besoins particuliers. L'anxiété est profondément personnelle, tout comme sa gestion. Un plan personnalisé vous permet de vous concentrer sur ce qui fonctionne le mieux pour vous.

Étape 1 : Identifier les outils les plus efficaces

- Passez en revue les techniques présentées dans ce livre et mettez en évidence celles qui vous conviennent le mieux.

- Réfléchissez aux stratégies qui ont déjà fonctionné dans votre vie et à celles que vous êtes impatient d'essayer.

Étape 2 : Définir vos priorités

- Déterminez les aspects de votre vie qui requièrent le plus d'attention en ce moment (par exemple, le sommeil, la gestion des pensées négatives ou le traitement de déclencheurs spécifiques).

- Choisissez 2 ou 3 stratégies clés sur lesquelles vous concentrer dans un premier temps, plutôt que de vous laisser submerger par un trop grand nombre de changements à la fois.

Étape 3 : Créer une routine quotidienne ou hebdomadaire

- Intégrez les outils que vous avez choisis dans votre emploi du temps quotidien. Par exemple :

  - Le matin : Commencez par 5 minutes de respiration profonde ou de rédaction d'un journal.

- L'après-midi : Faites une promenade de pleine conscience pendant une pause.

- Le soir : Pratiquez la relaxation musculaire progressive avant de vous coucher.

Étape 4 : Rédiger votre plan

- Consignez votre plan dans un journal, sur votre téléphone ou sur une feuille de papier que vous garderez à portée de main. Le fait de le voir écrit renforce l'engagement et permet de s'y référer rapidement.

Étape 5 : Contrôler et ajuster

- Réfléchissez régulièrement à ce qui fonctionne et à ce qui ne fonctionne pas. Ajustez votre plan si nécessaire pour vous assurer qu'il continue à répondre à vos besoins en constante évolution.

Résoudre les échecs et les moments difficiles

Les revers font partie du parcours normal. La gestion de l'anxiété n'est pas un processus linéaire ; il y aura des hauts et des bas. Ce qui compte, c'est la façon dont vous réagissez aux défis.

Défis communs et solutions :

1. **Manque de motivation :**

   - **La solution** : Commencez modestement. Engagez-vous à appliquer une seule technique ou habitude, ne serait-ce que pendant cinq minutes. L'élan suit souvent l'action.

2. **Accablement :**

   - **La solution** : Simplifiez votre plan. Concentrez-vous sur une stratégie à la fois et célébrez les progrès accomplis plutôt que la perfection.

3. **Pensées négatives persistantes :**

   - ○ **Solution** : Utilisez l'exercice du "registre des pensées" pour remettre en question ces pensées. Rappelez-vous que les revers n'effacent pas vos progrès.

4. **Facteurs de stress externes :**

   - ○ **Solution** : Réévaluez votre environnement et vos limites. Éliminez les facteurs de stress inutiles dans la mesure du possible et appuyez-vous sur votre réseau de soutien.

5. **Sentiment de découragement :**

   - ○ **Solution** : Réfléchissez aux succès passés, même les plus modestes. Rappelez-vous que la résilience se développe avec le temps et la pratique.

N'oubliez pas que les revers ne sont pas des échecs, mais des occasions d'apprendre et d'affiner votre approche.

Un message inspirant d'espoir et d'autonomisation

Vous avez parcouru un long chemin. Le fait d'avoir lu ce livre et d'avoir consacré du temps à la compréhension de votre anxiété témoigne de votre force et de votre engagement envers vous-même. L'anxiété ne vous définit pas et n'a pas à contrôler votre vie. Vous avez les outils, les connaissances et la résilience nécessaires pour vous créer une vie plus calme, plus équilibrée et profondément satisfaisante.

Chaque pas que vous faites, aussi petit soit-il, est une victoire. Les progrès peuvent parfois sembler lents, mais chaque effort vous rapproche de la version prospère et autonome de vous-même que vous êtes capable de devenir. C'est à vous de façonner le voyage, et chaque jour nouveau vous offre la possibilité de grandir, d'apprendre et d'aller de l'avant.

Alors que vous allez de l'avant, accrochez-vous à cette vérité : vous n'êtes pas seul. L'anxiété est une expérience humaine commune, mais la capacité à la surmonter l'est tout autant. Avec du courage, de la persévérance et de l'auto-compassion, vous pouvez réécrire votre histoire et embrasser une vie pleine de possibilités, de liens et de joie.

Vous avez tout ce qu'il vous faut pour prospérer. Maintenant, faites le premier pas et sachez que chaque pas suivant vous rapprochera de la paix et de l'autonomie que vous méritez.